المراجع:

- ظهور حضرة بهاءالله، المجلّد الأوّل (أديب طاهر زاده)

- كتاب روحي 4

يَحْتفلُ الآنَ ملايينُ النَّاسِ بهذهِ الأيَّامِ الاثني عَشَرَ التي تُسَمَّى بـ"عيدِ الرِّضْوانِ".

مع أَنَّ العنادلَ كانتْ حَزينةً كالجميعِ لِمُغادرةِ حضرةِ بهاءِاللّٰه، إلاّ أنّها كانتْ سَعيدةً لأنّ كثيرًا مِن النَّاسِ عَرَفَتْ حضرتَهُ. أكْمَلَ العندليبُ غِناءَه...

أَعيـشُ في حديـقةٍ
قدْ أُسْمِيَتْ رِضْوَانْ
سُعِدْتُ أنَّ النَّاسَ قَدْ
حَـازُوا علـى الإيـمانْ

فِي اليومِ الثاني عشر، غادرَ حضرةُ بهاءاللّٰهِ وعائلتُه الحديقةَ. امتطى حضرتُهُ حصانًا وبدأ رحلتَهَ الطَّويلةَ.

في اليومِ التاسعِ انضمَّتْ عائلتُهُ إليهِ في حديقةِ الرِّضوانِ. نُصِبَت الخِيامُ لَهُمْ أيضًا.

فِي بَعْضِ اللّيالي، بَيْنَما كانَ الأصحابُ نائمينَ، مَشى حضرةُ بهاءِاللّه ذهابًا وإيابًا على طُرُقاتِ الحديقةِ. غَنَّت العنادلُ بِصَوتٍ عالٍ أصعبَ سماعَ صوتِ حضرتهِ.

في هذه الأيامِ، أعلنَ حضرةُ بهاءِاللّه للناسِ الذينَ كانوا حولَه أنّه مظهرٌ إلهيٌّ. هذا يعني أنَّ عندَهُ رسالةً خاصّةً من عِنْد اللّهِ.

قَدّمَ حضرةُ بهاءِالله هذهِ الورودَ بيديهِ المُباركتينِ إلى أصحابهِ قبلَ انصرافهمْ، حتّى يُهدوها نِيابةً عنهُ إلى الأصحابِ الذينَ لَمْ يَـتَمَكّنُوا مِن زِيارَتِهِ.

ثُـمَّ وَضعَ هؤلاءِ البُستانيّون الورودَ في كومةٍ كبيرةٍ على أرضِ خيمةِ حضرةِ بهاءِاللّٰه. كانتْ هذه الكَومةُ شديدةَ العُلُوِّ إلى حَـدٍّ مَنعَ الأصحابَ المُـجتمعينَ لـزيارةِ حَضرتِهِ وَشُرْبِ شايِ الصَّباحِ مِنْ رُؤْيَـةِ بَعْضِهِمْ بعضًا.

كلَّ يومٍ قبلَ شُروقِ الشَّمسِ، قَطَفَ البُستانيّون الوُرود مِن المَمَرّات الأربعةِ في الحديقةِ.

كانَ حضرةُ بهاءِاللّٰه مسرورًا في هذا المكانِ. مشى بين الورودِ والأشجارِ بينما كانت العنادلُ تَصْدَحُ في الهواء. كانَ عَنْدَليبُنا مَعَها...

أَعيـشُ في حديـقةٍ
قـدْ أُسْمِيَتْ رِضْوَانْ
أَرْجـو لِـكُلِّ الخَلْقِ أَنْ
يُصْغِـي إلـى الأغْـصَانْ

كان هذا الضَّيفُ حضرةَ بهاءاللّٰه، كانَ مُسافرًا من مدينةٍ تُدْعى بغدادُ، إلى مَدينةٍ بعيدةٍ اسمُها القُسْطَنْطينيَّـةُ. توقّفَ في هذه الحديقةِ التي كانتْ في ضواحي بغدادَ حتى يستطيع الناسُ الذين أحبّوهُ توديعَهُ. بقيَ هناكَ في خيمةٍ لمدّة اثني عَشَرَ يومًا.

فِي أَحَدِ الأيّامِ، شعرَ هذا العندليبُ أنّ شيئًا ما كان مُختلفًا. بدأ يُغنّي بِصَوْتٍ عالٍ ويُحَلِّقُ بِسُرورٍ. انضمَّ أَصدقاؤه إليهِ في الغناءِ والتَّحلِيقِ. كانَ العَندليبُ مُحِقًّا، فقد أوشكَ ضَيْفٌ خاصٌّ على الوصولِ إلى الحَديقةِ...

أَعيــشُ فـي حديـقةٍ
قـدْ أُسْمِيَتْ رِضْـوَانْ
أَرْجـو لِـكُلِّ الخَلْقِ أَنْ
يُصْغِـي إلـى الأغْـصَانْ

كان يا ما كان في قديم الزمان، كانَ هُناكَ عندليبٌ يعيشُ في حديقةٍ جميلةٍ، بها كثيرٌ مِن الأشْجارِ الفاتنةِ والوُرودِ المُلَوَّنةِ. أَحَبَّ العَنْدليبُ الطَّيَرانَ مِنْ شَجَرَةٍ إلى شَجَرَةٍ، مُغَنِّـيًا بِصَوْتِهِ الأَخَّاذِ...

أَعيـشُ في حديـقةٍ
قـدْ أُسْمِيَتْ رِضْـوَانْ
أَرْجـو لِـكُلِّ الخَلْقِ أَنْ
يُصْغِـي إلـى الأغْـصَانْ

إلى

شعوب العالم المُتحمِّلة الجائحة العالميّة في 2020-2021

جميع الحقوق محفوظة © لألحان رحيمي 2021

alhan@persianarabic.com

ISBN of the hardcover Arabic version: 978-1-7770934-6-4

ISBN of paperback Arabic version: 978-1-990286-03-2

تمَت كتابة هذه القصة بناءً على أحداث تاريخيَة حقيقيَة

رسوم وغلاف: ألينا أونيبـْجينكو

جميع الحقوق محفوظة عالميًا. يمنع إعادة إصدار أو نشر أو نقل أي جزء
من هذا الكتاب بأي شكل من الأشكال دون إذن خطي مسبق من الكاتبة.

تمَ توثيق النسخة الأصليَة الإنجليزيَة لهذا الكتاب من قِبَل المحفل الروحانيّ
المركزيّ للبهائيين في كندا.

Original English Title:

Garden of Riḍván: The Story of the Festival of Riḍván
for Young Children

Written by Alhan Rahimi

Illustrations by Alina Onipchenko

ISBN of English Paperback: 978-1-7770934-1-9

ISBN of English Hardcover: 978-1-7770934-7-1

Copyright © 2020, 2021 by Alhan Rahimi

All rights reserved worldwide. No part of this book may
be reproduced, distributed or transmitted in any form or
by any means without the prior written permission of the
author, except in the case of brief quotations embodied
in critical reviews.

The English version has been approved by the

National Spiritual Assembly of the Bahá'ís of Canada.

حَدِيقَةُ الرِّضْوَانِ

قِصَّةُ عِيدِ الرِّضْوَانِ لِلأَطْفَالِ الصِّغَارِ

بِقَلَم: ألحان رحيمي

رُسُوم: ألينا أونيبْـجِينكو

www.ingramcontent.com/pod-product-compliance
Lightning Source LLC
Chambersburg PA
CBHW041100070526
44579CB00002B/23
* 9 7 8 1 9 9 0 2 8 6 0 3 2 *